Klaus Finkelnburg
Die Minderheitsregierung im deutschen Staatsrecht

Schriftenreihe
der Juristischen Gesellschaft e. V.
Berlin

Heft 74

W
DE
G

1982
Walter de Gruyter · Berlin · New York

Die Minderheitsregierung im deutschen Staatsrecht

Von
Klaus Finkelnburg

Vortrag
gehalten vor der
Berliner Juristischen Gesellschaft
am 3. März 1982

W
DE
G

1982

Walter de Gruyter · Berlin · New York

Prof. Dr. jur. Klaus Finkelnburg
Rechtsanwalt und Notar,
Honorarprofessor an der Freien Universität Berlin

CIP-Kurztitelaufnahme der Deutschen Bibliothek

Finkelnburg, Klaus:
Die Minderheitsregierung im deutschen
Staatsrecht : Vortrag gehalten vor d.
Berliner Jur. Ges. am 3. März 1982 /
von Klaus Finkelnburg. – Berlin ; New
York : de Gruyter, 1982.
  (Schriftenreihe der Juristischen
  Gesellschaft e. V. Berlin ; H. 74)
  ISBN 3-11-008992-0
NE: Juristische Gesellschaft ⟨Berlin, West⟩:
Schriftenreihe der Juristischen ...

I.

Von den 19 Reichsregierungen der Weimarer Republik waren mehr als die Hälfte, nämlich zwölf ein Minderheitskabinett. In der über dreißigjährigen Geschichte der Bundesrepublik Deutschland und ihrer Länder hat es dagegen bisher Minderheitsregierungen kaum gegeben. Alle *Bundeskabinette* konnten sich auf eine parlamentarische Mehrheit stützen. Sechs der elf Bundesländer haben ebenfalls ausschließlich Mehrheitsregierungen gehabt. Minderheitskabinette gab es 1947 und 1949 für wenige Monate in *Rheinland-Pfalz.* In *Schleswig-Holstein* verlor 1962 eine CDU/FDP-Regierung durch Rücktritt des einzigen FDP-Ministers für ein knappes Jahr die parlamentarische Mehrheit. Sie wurde wiedergewonnen, als nach der Ernennung des Ministerpräsidenten von Hassel zum Bundesverteidigungsminister mit den Stimmen der FDP Lemke (CDU) zum Ministerpräsidenten gewählt wurde. Im *Saarland* regierte von Mai 1975 bis Februar 1977 unter Ministerpräsident Röder eine geschäftsführende Regierung ohne parlamentarische Mehrheit, nachdem die Landtagswahl ein Patt – 25 Sitze für die CDU, 22 für die SPD und 3 für die FDP – ergeben hatte. In *Niedersachsen* erreichte im Januar 1976 nach dem Rücktritt des Ministerpräsidenten Kubel der Kandidat der bisherigen SPD/FDP-Koalition, die die absolute Mehrheit besaß, nicht die Mehrheit der Stimmen des Parlaments, worauf im dritten Wahlgang mit der dann nach der Landesverfassung nur noch erforderlichen einfachen Mehrheit (Art. 20, 21) Albrecht zum Ministerpräsidenten gewählt wurde. Die von ihm gebildete Regierung besaß zunächst für ein Jahr keine parlamentarische Mehrheit, die sie erlangte, als im Jahre 1977 zwei FDP-Minister in die Regierung eintraten. Dies alles liegt Jahre zurück. Anlaß für diese Minderheitsregierungen waren landespolitische Besonderheiten, die sich nicht verallgemeinern lassen und die schwerlich eine Beschäftigung mit den Rechtsfragen der Minderheitsregierung rechtfertigen.

Seit der Bildung des Minderheitssenats in Berlin ist dies anders geworden. Das Ergebnis der Abgeordnetenhauswahl des Jahres 1981 beruht nicht auf landespolitischen Besonderheiten, sondern signalisiert drohende Instabilität der politisch-parlamentarischen Verhältnisse in der Bundesrepublik. Als ihre Folge könnten Minderheitsregierungen zur politischen Normalität werden. Weimar ante portas?, so muß man sich fragen.

Erstmals ist es in Berlin einer neuen Partei, die mehr als eine Splitter-
partei ist, den Alternativen, gelungen, mit gewichtiger, die Mehrheitsverhältnisse verändernder Stimmenzahl in das Parlament einzuziehen[1]. Dies
kann sich mit wachsendem Stimmenanteil in anderen Ländern und im
Bund wiederholen. Die Alternativen sind derzeit für keine der etablierten
Parteien koalitionsfähig. Einziger Koalitionspartner für die beiden großen
Parteien ist daher, wie in der Vergangenheit, die FDP. Aber es ist seit dem
Aufkommen der Alternativen keineswegs sicher, daß künftig die Stimmen
der FDP zur Verfügung stehen oder ausreichen werden, um zusammen
mit einer der großen Parteien eine Mehrheitsregierung zu bilden. Eine
große Koalition wäre dann der einzige Weg zur Mehrheitsbildung. Sie
erscheint indes, da die parlamentarische Demokratie ihrem Wesen nach
einer starken Opposition bedarf, wenig wünschenswert und kaum denk-
bar. Zu viel trennt die großen Parteien. Die Alternativen, so muß man
realistisch feststellen, bedrohen daher ernsthaft die Mehrheitsfähigkeit der
deutschen Parlamente. Aber auch dort, wo die Stimmen der FDP nume-
risch die Bildung einer Mehrheitsregierung ermöglichen könnten, droht
Instabilität, seit diese Partei Koalitionsmüdigkeit gegenüber dem langjäh-
rigen Koalitionspartner SPD befallen hat und neue Koalitionsentschei-
dungen, wie Berlin zeigt, die Partei zu spalten drohen.
   Drei Phänomene sind es mithin, die die politisch-parlamentarische
Stabilität in der Bundesrepublik gefährden: Das Auftreten einer nach
Stimmenanteil möglicherweise gewichtigen, aber nicht koalitionsfähigen
Partei, der drohende Mehrheitsverlust der bisherigen Koalitionen und
eine nachlassende Koalitionsbereitschaft der etablierten Parteien. Dies
alles führt unausweichlich zur Minderheitsregierung. Bereits die Weimarer Republik litt an diesen Erscheinungen. Sie ist nicht nur, aber auch an
ihnen zugrunde gegangen: Schon frühzeitig erschwerte in Weimar die
Vielfalt der im Reichstag vertretenen Parteien die Mehrheitsfähigkeit des
Parlaments. Seit dem Emporkommen mächtiger und extremer Flügelparteien war die Mehrheitsbildung zusätzlich erschwert. Die Koalitionsfä-
higkeit der für eine Regierungsbildung allein in Betracht kommenden
demokratischen Parteien aber litt darunter, daß einzelne von ihnen sich
wiederholt weigerten, eine Koalition einzugehen, oder hierfür unerfüllba-
re Bedingungen stellten. Die zwölf Minderheitsregierungen in 14 Jahren
waren die Folge. Die Instabilität ihrer Regierungen war eine der Ursachen

---

[1] Der Einzug der „Grünen" in die Parlamente von Baden-Württemberg und
Bremen hatte keine Veränderung der Mehrheitsverhältnisse zur Folge.

für die permanente Krisenlage der Weimarer Republik und damit letztlich für deren Zusammenbruch[2].

Die Frage drängt sich auf, was die Verfassungsgeber der Nachkriegszeit, denen die Weimarer Republik als warnendes Beispiel vor Augen stand, tun konnten und getan haben, um ähnliches für die Bundesrepublik Deutschland und ihre Länder zu verhindern. Offensichtlich viel, so sollte man meinen, wenn man an die wenigen Minderheitsregierungen der Nachkriegszeit denkt. Nähere Untersuchung zeigt indes, daß dies täuscht. Es waren glückliche Umstände, nicht die Staatskunst der Verfassungsväter, die uns bisher vor instabilen Verhältnissen bewahrt haben. Dies im einzelnen zu untersuchen ist mein Thema.

II.

Ich wende mich zunächst der Frage zu, wie sich das Staatsrecht in Bund und Ländern gegenüber der Entstehung von Minderheitsregierungen verhält. Läßt es sie zu, erschwert es sie, ja ist es überhaupt ratsam, der Bildung von Minderheitsregierungen verfassungsrechtliche Schranken entgegenzusetzen.

Nach der Weimarer Reichsverfassung (Art. 53) bestimmte der Reichspräsident den Reichskanzler. Dieser bedurfte, so hieß es in Art. 54, zu seiner Amtsführung des Vertrauens des Reichstages. Schon die dritte der Weimarer Regierungen, das im März 1920 gebildete Reichskabinett Hermann Müller, eine Mehrheitsregierung, konnte sich wegen parteiinterner Konflikte innerhalb der größten Regierungsfraktion (Mehrheitssozialisten) eines positiven Vertrauensvotums des Parlaments nicht sicher sein[3]. Sie verzichtete mit Billigung des Parlaments darauf, um ein formelles Vertrauensvotum zu bitten. Statt dessen beschloß das Parlament einen mittelbaren Vertrauensbeweis und „billigte" mehrheitlich die Erklärungen der neuen Regierung zur aktuellen politischen Lage. Hieraus entwickelte sich ein von vielen Reichsregierungen geübter Verzicht auf die Einholung eines positiven Vertrauensvotums, an dessen Stelle das sog. Tolerierungsvotum trat, ein mehr oder weniger unverbindlicher Beschluß, der indirekt das Einverständnis der Reichstagsmehrheit mit der Regierung zum Ausdruck brachte, ohne ihr – da sich hierzu eine Mehrheit nicht finden ließ – förmlich das Vertrauen auszusprechen. Der klare

---

[2] *E. R. Huber*, Deutsche Verfassungsgeschichte, Bd. VI S. 54.
[3] Hierzu und zum folgenden *Huber* a. a. O. S. 330.

Wortlaut der Verfassung wurde der instabilen politischen Lage angepaßt und die Bildung von Minderheitsregierungen dadurch ermöglicht.

In der Bundesrepublik und ihren Ländern erfolgt in Abkehr von Weimar die Regierungsbildung unter entscheidender Mitwirkung des Parlaments. Im Bund und in allen Ländern wird der Regierungschef von der Volksvertretung gewählt, der damit ein positives Votum für die Regierung abverlangt wird. Dadurch wird der Regierung von vornherein jene parlamentarische Legitimation verliehen, die der Reichstag der Weimarer Republik durch das von ihm praeter constitutionem entwickelte Tolerierungsvotum seinen Regierungen häufig nur begrenzt gewährte.

In den Stadtstaaten Berlin, Bremen und Hamburg wählt das Parlament auch die übrigen Regierungsmitglieder. In Bayern und im Saarland muß es ihrer Ernennung zustimmen, was in der Wirkung der Wahl der Minister nahekommt. In Baden-Württemberg, Hessen, Niedersachsen und Rheinland-Pfalz bedarf zwar nicht der einzelne Minister, bedarf aber die Regierung als Ganzes der parlamentarischen Billigung. Nur im Bund, in Nordrhein-Westfalen und Schleswig-Holstein ist die Mitwirkung des Parlaments an der Regierungsbildung auf die Wahl des Regierungschefs beschränkt, während die Auswahl der Minister durch den Regierungschef ohne zusätzliche parlamentarische Beteiligung erfolgt. Alles in allem zeigt sich hier eine deutliche Verstärkung der parlamentarischen Regierungsform und damit eine Stärkung der Regierung gegenüber den Verhältnissen von Weimar. Zur Frage der Minderheitsregierung ist damit allerdings noch nichts gesagt.

Will eine Verfassung die Bildung einer Minderheitsregierung – an dieser Stelle verstanden als eine Regierung, die sich aus den Vertretern von Parteien zusammensetzt, die nicht die Mehrheit im Parlament besitzen – von vornherein und unter allen Umständen verhindern, muß sie für die Wahl zumindest des Regierungschefs einschränkungslos die absolute parlamentarische Mehrheit vorschreiben. Vier Bundesländer, nämlich Baden-Württemberg (Art. 46 Abs. 1 Satz 2), Rheinland-Pfalz (Art. 98 Abs. 2 Satz 1), das Saarland (Art. 98 Satz 1) und in gewisser Weise auch Hamburg (Art. 34 Abs. 1) sind diesen Weg gegangen. Der Bund und die übrigen Länder lassen von vornherein (Bayern, Berlin, Bremen) oder subsidiär (Bund, Niedersachsen, Nordrhein-Westfalen, Schleswig-Holstein) die einfache Mehrheit genügen, legen also der Bildung einer Minderheitsregierung keine Schranken in den Weg. Ist dies der verfassungspolitisch richtige Weg oder ist den vier Verfassungen (Baden-Württemberg, Rheinland-Pfalz, Saarland, Hamburg) der Vorzug zu geben, die die Wahl des Regierungschefs mit absoluter Mehrheit verlangen und damit die Bildung einer nicht von der Mehrheit des Parlaments getragenen Regierung ausschließen?

Auf den ersten Blick ist die rigorose Lösung jener vier Bundesländer, die zur Vermeidung einer Minderheitsregierung für die Wahl des Ministerpräsidenten die absolute Mehrheit vorschreiben, bestechend. Nähere Nachprüfung offenbart indes gravierende Schwächen dieses Systems:

Ist nämlich das Parlament nicht in der Lage, eine absolute Mehrheit zu bilden, ist in den Ländern, die die absolute Mehrheit verlangen, eine Regierungsbildung nicht möglich, selbst wenn der als Sieger aus den Wahlen hervorgegangenen Partei vielleicht nur weniges an der absoluten Mehrheit fehlt. Das souveräne Volk, souverän auch in der Entscheidung, keiner Partei die absolute Mehrheit zu geben, ist handlungsunfähig. Wegen des nach den konkreten Gegebenheiten nicht erreichbaren Ziels einer Mehrheitsregierung wird das Demokratieprinzip verkürzt.

Da das Staatsleben keinen Stillstand kennt, muß, um ein Vakuum zu vermeiden, dort, wo die Regierungsbildung wegen einer verfassungsrechtlich zwingend gebotenen, infolge instabiler politischer Verhältnisse aber nicht erreichbaren absoluten Parlamentsmehrheit nicht möglich ist, eine interimistische Verlängerung der Amtsdauer der bisherigen Regierung stattfinden. Dies ist in Rheinland-Pfalz, Saarland und Hamburg nicht lückenlos gesichert:

Vorbildlich ist die Regelung in Baden-Württemberg. Die Verfassung (Art. 55 Abs. 3) sieht vor, daß die Mitglieder der Regierung ihr Amt stets bis zur Amtsübernahme des Nachfolgers weiterzuführen haben, schließt also ein Interregnum aus. Rheinland-Pfalz (Art. 99 Abs. 4) und das Saarland (Art. 90 Satz 6) kennen eine Fortführungspflicht für Regierungsmitglieder nur im Anschluß an ein Mißtrauensvotum, Hamburg (Art. 37) im Anschluß an den Rücktritt des Senats. Eine Fortführungs*pflicht* nach Neuwahlen und bis zur Bildung einer neuen Regierung ist nicht vorgesehen, sofern man nicht auf eine ungeschriebene Verfassungspflicht, geboren aus der Notwendigkeit, das Staatsschiff nicht führungslos werden zu lassen, zurückgreift. Da jedoch das Amt des Regierungschefs erst mit der Wahl des Nachfolgers endet, *kann* in Hamburg, im Saarland und Rheinland-Pfalz die bisherige Regierung, wenn sie es will, im Amt bleiben, bis das Parlament die Kraft zu einer Wahl mit absoluter Mehrheit aufbringt. Das Beispiel des Saarlandes, wo nach parlamentarischem Patt Ministerpräsident Röder über ein Jahr sein Amt geschäftsführend weiter versah, habe ich eingangs erwähnt.

Überwindet man mit Hilfe der Amtsfortdauer und der geschriebenen oder ungeschriebenen Amtsfortführungspflicht die Gefahr des Interre-

gnums, bleibt gleichwohl die innere Begrenztheit, der jede nur geschäftsführende Übergangsregierung unterworfen ist. Sie kann nur noch verwalten. Zum Regieren, zur Lenkung des Staatsschiffes mit sicherer Hand und
zu neuen Ufern, fehlt die demokratische Legitimation. Dies gebietet es,
um des allgemeinen Wohls willen den Zeitraum der geschäftsführenden
Regierung kurz zu bemessen.

Solange dem Parlament die Mehrheitsfähigkeit fehlt, vermögen nur
Neuwahlen aus der Krise herauszuführen. Sie müssen schnell und sicher
kommen. Vorbildlich ist wiederum Baden-Württemberg (Art. 47), das
das Parlament von Verfassungs wegen für aufgelöst erklärt, wenn nach
drei Monaten eine neue Mehrheitsregierung nicht gebildet ist. Das Parlament wird, ob es will oder nicht, neu gewählt. Anders in Rheinland-
Pfalz, dem Saarland und Hamburg: diese Länder kennen keine verfas-
sungsnotwendige Parlamentsauflösung nach mißlungener Regierungsbildung. Hier muß das Parlament selbst seine Auflösung beschließen, wozu
es in Hamburg (Art. 11) und Rheinland-Pfalz (Art. 84) der absoluten
Mehrheit, im Saarland (Art. 71) sogar einer ⅔ Mehrheit bedarf. Daß diese
Mehrheit immer dann zustande kommt, wenn zur Herbeiführung der
Mehrheitsfähigkeit die Auflösung des Parlaments geboten ist, ist keineswegs sicher. Allzu viele Abgeordnete, so haben Beispiele der Vergangenheit gezeigt, ziehen den sicheren Sitz in einem abgewirtschafteten Parlament den Unsicherheiten einer Neuwahl vor.

Dies alles sind gewichtige Gründe, die dagegen sprechen, die Bildung
der Regierung an die absolute Mehrheit im Parlament zu binden. Entscheidend ist aber letztlich dieses: das einzige und letzte Mittel gegenüber
einem instabilen Parlament, ist, wie schon erwähnt, die Neuwahl. Dieses
Mittel hat indes seine Grenzen: Sind die Mehrheitsverhältnisse knapp,
vermögen schon geringfügige Verschiebungen den Umschlag von der
Instabilität in die Stabilität zu bewirken. Hier ist die Chance der Abhilfe
groß. Bei tiefergehenden instabilen Verhältnissen aber vermag die Neuwahl nichts zu bewirken. Die Wahlen der Weimarer Zeit belegen das. Sie
haben, sieht man von den großen Polarisationen in der Spätzeit dieser
Republik ab, nie etwas bewirkt, sondern allenfalls die eine Instabilität
durch eine andere ersetzt, meist sie sogar nur perpetuiert. Was aber soll
eine Neuwahl, wenn sie wiederum nur ein nicht mehrheitsfähiges Parlament hervorbringt, unfähig, die verfassungsrechtlich notwendige absolute
Mehrheit für eine Regierungsbildung aufzubringen? Spätestens in diesem
Augenblick ist die Staatskrise ausgebrochen, zu deren Bewältigung keine
unserer Landesverfassungen ein Instrumentarium bereithält. Dies zwingt
zu der Erkenntnis, daß der vermeintliche Weg der Stabilität, den Baden-

Württemberg, Rheinland-Pfalz, das Saarland und Hamburg gegangen sind, als sie die absolute Mehrheit als unabdingbar zur Regierungsbildung erklärten, ein gefährlicher Irrweg ist. Er führt, wenn einmal instabile Verhältnisse herrschen, unweigerlich in die Staatskrise. Baden-Württemberg, Rheinland-Pfalz, das Saarland und Hamburg wären daher gut beraten, in ihren Verfassungen Regierungsbildungen mit zumindest subsidiär auch einfacher Mehrheit zuzulassen, solange sie noch die mehrheitsbildende Kraft für entsprechende Verfassungsänderungen besitzen.

Als Ergebnis ist somit festzuhalten: Haben Parlamentswahlen zu einem nicht mehrheitsfähigen Parlament geführt, muß die Verfassung einen Weg zur Bildung einer Minderheitsregierung eröffnen. Anderenfalls geht die Leitung des Staates in die Hände einer demokratisch nicht legitimierten, nur geschäftsführenden Übergangsregierung über und ist, jedenfalls auf längere Sicht, eine Staatskrise unausweichlich. Bei nicht mehrheitsfähigem Parlament ist, da der Staat nicht führungslos sein kann, die Minderheitsregierung notwendig. Weimar ist insoweit unvermeidbar.

III.

Die Unvermeidbarkeit der Minderheitsregierung bei instabilen parlamentarischen Verhältnissen führt zu der Frage – der ich mich jetzt zuwenden will – ob denn die Minderheitsregierung, wenn sie einmal vom Parlament mit einfacher Mehrheit eingesetzt ist, von Verfassungs wegen die notwendige Handlungsfähigkeit besitzt, um ihre Aufgabe, das Staatsschiff zu führen, sachgerecht zu erfüllen. Soviel läßt sich hierzu allgemein sagen:

Da die Minderheitsregierung nicht die Mehrheit des Parlaments auf ihrer Seite hat, besitzt sie Handlungsfreiheit nur dort, wo sie in ihrem Handeln vom Parlament unabhängig ist. Soweit hingegen die Minderheitsregierung zur Verwirklichung ihrer politischen oder administrativen Ziele der Mitwirkung des ihr mehrheitlich nicht nahestehenden Parlaments bedarf, ist ihre Handlungsfähigkeit begrenzt. Was dies konkret bedeutet, läßt sich erst beurteilen, wenn man weiß, wie allgemein im geltenden Staatsrecht das Verhältnis der Regierung zum Parlament gestaltet ist.

Die Regierung verkörpert im Sinne der klassischen Gewaltenteilungslehre und des Artikels 20 Abs. 2 GG die vollziehende Gewalt[4]. Unter

---

[4] Zum folgenden *Hesse*, Grundzüge des Verfassungsrechts der Bundesrepublik Deutschland, S. 196 ff.

diesen Begriff, der weit mehr zum Ausdruck bringt, als bloßen Gesetzes-
vollzug, fällt zum einen die Aufgabe des Regierens, der politischen
Staatsführung, der Leitung des Ganzen, des Richtunggebens der inneren
und äußeren Politik, zum anderen die Aufgabe der Verwaltung, der
tätigen Verwirklichung staatlicher Aufgaben in der Gebundenheit an
rechtlich normierte Maßstäbe, deren Notwendigkeit sich aus den rechts-
staatlichen Prinzipien des Gesetzesvorbehalts bei eingreifenden und des
Gleichbehandlungsgrundsatzes bei gewährenden Maßnahmen ergibt.

Wie das BVerfG[5] ausgesprochen hat, ist die „selbständige politische
Entscheidungsgewalt der Regierung", die Befugnis, „selbständig und in
eigener Verantwortung gegenüber Volk und Parlament ihre Regierungs-
funktion zu erfüllen", ein zwingendes Gebot der demokratischen rechts-
staatlichen Verfassung des Grundgesetzes. Es gilt über die Homogenitäts-
klausel des Art. 28 Abs. 1 GG auch für die Verfassungsordnung in den
Ländern. Dies sichert der Minderheitsregierung Unabhängigkeit vom
Parlament: Beschlüsse des Parlaments, die in diesen verfassungsrechtlich
gesicherten Bereich selbständiger und eigenverantwortlicher Regierung
und Verwaltung eingreifen, sind rechtswidrig. Kein Parlamentsbeschluß
vermag der Regierung aufzugeben, welche Richtung der inneren oder
äußeren Politik sie einzuschlagen hat, ob sie die Hausbesetzerfrage so
oder anders angeht, ob sie den sozialen Wohnungsbau oder eher die
Eigentumsbildung fördert, welche Personalentscheidungen sie trifft oder
wie sie ihre Stimme im Bundesrat abgibt. Hier ist jede Regierung, also
auch die Minderheitsregierung, rechtlich frei. Ob politische Rücksichtnahme diese verfassungsrechtlich gewährte Handlungsfreiheit einengt, ist
eine Frage des Spiels der politischen Kräfte und entzieht sich rechtlicher
Erfassung.

Im parlamentarischen Regierungssystem ist indes auch das Parlament
an der Ausübung der Regierungsgewalt, am Richtunggeben der inneren
und äußeren Politik beteiligt. Denn Regieren heißt im Rechtsstaat auch
Legiferieren, Erlaß der zur Verwirklichung der Regierungspolitik notwendigen Gesetze. Das Parlament wählt nicht nur die Regierung und
kontrolliert sie, sondern es erläßt auch die Gesetze, hat nach Art. 59
Abs. 2 GG den außenpolitischen Verträgen, die die politische Beziehung
des Bundes regeln, zuzustimmen und bewilligt im Haushaltsplan
(Art. 110 GG) die für die Verwirklichung der Regierungspolitik notwendigen Mittel. Ohne die Mitwirkung des Parlaments läßt sich die Miet-

---

[5] BVerfGE 9, 281.

preisbindung nicht lockern, ein Erziehungsgeld nicht einführen, das Asylrecht nicht reformieren. Die Staatsleitung steht mithin, wie *Friesenhahn* treffend formuliert hat[6], Regierung und Parlament zur gesamten Hand zu. Das Parlament regiert und verwaltet mit.

Hier liegt die Schwäche jeder Minderheitsregierung: Ist das vom Grundgesetz und den Landesverfassungen vorausgesetzte staatsleitende Zusammenspiel von Regierung und Parlament nachhaltig gestört, wird die Regierung bis hin zur Handlungsfähigkeit paralysiert. Die Probleme der Zeit vermag sie nicht zu lösen. Wenn ihr das Parlament Mittel im Haushaltsplan versagt oder wenn es von der Regierung für notwendig erachtete Gesetze nicht erläßt, kann die Regierung ihre Politik nicht oder nur noch begrenzt verwirklichen. Durch den Erlaß von der Regierung nicht genehmen Gesetzen vermag das Parlament die Minderheitsregierung zu ihr unerwünschten Handlungen zu zwingen, denen sie sich, da das deutsche Staatsrecht ein Veto der Regierung gegenüber Gesetzgebungsbeschlüssen des Parlaments, sieht man von dem Fall des Art. 113 GG ab, nicht kennt, nur durch den Rücktritt entziehen kann.

Die Republik von Weimar hatte Vorkehrungen für derartige Verfassungsstörungen getroffen: Sie kannte das Institut des Ermächtigungsgesetzes, mit welchem das Parlament für begrenzte Zeit die Gesetzgebungsgewalt an die Regierung delegierte und ihr damit die Handlungsfreiheit einräumte, die sie durch das gestörte Zusammenspiel von Parlament und Regierung verloren hatte. Hitler hat, dies sei zur Vermeidung von Mißverständnissen gesagt, das Ermächtigungsgesetz nicht erfunden, sondern vorgefunden. Von 1919 bis 1925 ergingen aufgrund von acht Ermächtigungsgesetzen insgesamt 420 gesetzesvertretende Verordnungen, durch die unter Ausschaltung des handlungsunfähigen Parlaments wichtige Reformen auf den Gebieten des Sozial-, Wirtschafts-, Finanz- und Justizwesens eingeleitet wurden[7]. In dem reichspräsidialen Notverordnungsrecht des Art. 48 Abs. 2 WRV besaß die Weimarer Republik ein weiteres Instrument, um in Zeiten eines gestörten Zusammenwirkens von Parlament und Regierung normative Regelungen zur Sicherung des Rechts, der öffentlichen Ordnung oder des inneren Friedens zu treffen[8]. Auch hier sei zur Vermeidung von Fehldeutungen hervorgehoben, daß nicht erst Hindenburg, sondern bereits Ebert von diesem Instrument Gebrauch machte, u. a. durch eine Verordnung über die beschleunigte Aburteilung von

---

[6] VVDStRL 16, 38.
[7] E. R. *Huber* a. a. O. S. 442.
[8] E. R. *Huber* a. a. O. S. 444 ff.

Straftaten. Es ist hier nicht der Ort, die Ermächtigungs- und Notverordnungspraxis des Weimarer Staates zu würdigen. Die Vermutung liegt jedoch nahe, daß ohne diese Instrumente vieles von dem, was diese Republik, auch durch ihre zwölf Minderheitsregierungen, zur Bewältigung der Probleme von Nachkriegszeit und Inflation geschaffen hat, nicht erreichbar gewesen wäre, hätte es hierzu in jedem Einzelfall der Mitwirkung des Reichstags bedurft.

Der Mißbrauch, der in der Spätzeit der Weimarer Republik mit Ermächtigungsgesetz und präsidialer Notverordnung getrieben wurde, hat diese in Zeiten größter Not von Regierungen mit untadeligem Demokratieverständnis erprobten Rechtsinstitute für unabsehbare Zeit diskreditiert. Zur Beseitigung von Lähmungen des Staatswesens, die ihre Ursache in dem mangelnden parlamentarischen Rückhalt einer Minderheitsregierung haben, stehen sie nicht mehr zur Verfügung. Weder das Grundgesetz noch die Landesverfassungen lassen ein Ermächtigungsgesetz zu (arg. Art. 80 GG). Ein Notgesetzgebungsrecht kennen einige Landesverfassungen für den Fall, daß das Parlament durch höhere Gewalt gehindert ist, sich frei zu versammeln. Der hier allein interessierende Fall der Lähmung der Regierungstätigkeit durch die Weigerung der Parlamentsmehrheit, die von der Minderheitsregierung für notwendig und dringlich erachteten Gesetze zu erlassen, ist in keiner Landesverfassung geregelt. Die Minderheitsregierungen der deutschen Bundesländer besitzen weder unmittelbar noch mittelbar ein Notgesetzgebungs- oder Notverordnungsrecht. Sie stehen der Krise wehrlos gegenüber, weit schlechter ausgerüstet als die Minderheitsregierungen des Weimarer Staates. Nur die Überlegung, daß die gesetzgeberischen Aufgaben der Länder gegenüber denen des Bundes von geringerer Bedeutung sind, mildert diesen Befund. Die Väter des Grundgesetzes haben hingegen an ein Notgesetzgebungsrecht für den Fall von Störungen im Zusammenspiel von Parlament und Regierung gedacht, es aber aus Angst vor Mißbrauch durch Überfrachtung mit zahlreichen Voraussetzungen bis in die Nähe der Wirkungslosigkeit denaturiert:

– Der Bundeskanzler muß das Vertrauen des Bundestages verloren haben und dadurch zum Minderheitskanzler geworden sein;
– der Bundestag muß eine von der Regierung für dringlich erklärte oder mit der Vertrauensfrage verbundene Gesetzesvorlage abgelehnt haben;
– in diesem Fall kann der Bundespräsident auf Antrag der Bundesregierung und mit Zustimmung des Bundesrates den Gesetzgebungsnotstand erklären; verpflichtet ist er dazu nicht;
– die Dauer des Gesetzgebungsnotstandes ist auf sechs Monate begrenzt; jeder Bundeskanzler kann ihn nur einmal in Anspruch nehmen. Wäh-

rend seiner Dauer geht das Gesetzgebungsrecht auf den Bundesrat über, der insoweit an die Stelle des Bundestages tritt.

Die Vielzahl der Voraussetzungen, die Umständlichkeit des Verfahrens und die zahlenmäßige und zeitliche Begrenzung werfen Zweifel auf, ob sich dieses Instrument in Zeiten der Not – bisher ist es niemals angewandt worden – als tauglich zur Bewältigung von Krisen erweist. Hat der Kanzler auch im Bundesrat keinen Rückhalt mehr, ist der Gesetzgebungsnotstand zur Bewältigung einer Krise vollends untauglich, wie die gegenwärtigen Verhältnisse in Bonn belegen. Hat die Bundesregierung die Mehrheit im Bundesrat verloren, ist sie aus der Sicht des Bundesrates zu einer Minderheitsregierung geworden, gibt es keinen Weg, die Weigerung des Bundesrates, an den von der Regierung für notwendig erachteten Maßnahmen mitzuwirken, rechtlich zu überspielen.

Auch im Bund ist eine Minderheitsregierung mithin schlecht ausgerüstet und kaum in der Lage, die zur Führung der Regierungsgeschäfte notwendigen Maßnahmen gegen den Willen der widerstrebenden und sich vielleicht nur in der Ablehnung einigen Parlamentsmehrheit durchzusetzen. Bund und Länder, zu diesem Schluß muß man kommen, lassen Minderheitsregierungen den von ihnen zu bewältigenden Krisen ungewappnet entgegengehen. Damit sind Minderheitsregierungen nach heutigem Staatsrecht auf Dauer nicht in der Lage, die Probleme des Staates zu lösen. Sie können nach Art geschäftsführender Übergangsregierungen verwalten, mehr nicht. Die Angst vor Weimar hat dazu geführt, daß wir für Staatskrisen nicht besser, sondern weit schlechter gerüstet sind, als es die Regierungen von Weimar waren.

Das Beispiel Berlins, dessen Minderheitssenat mühelos zu amtieren scheint, widerlegt diese These nicht. Denn er ist in Wirklichkeit kein Minderheitssenat, sondern besitzt in Gestalt von vier FDP-Abgeordneten einen stillen Teilhaber an der Regierungsmacht, der ihm jederzeit zur notwendigen parlamentarischen Mehrheit verhelfen kann. Wäre es anders, kehrten jene fünf Abgeordnete auf die Oppositionsseite zurück, wäre der Berliner Senat eine echte Minderheitsregierung mit allen strukturellen Schwächen, die ich hier ausgebreitet habe.

IV.

Das Bild wäre unvollständig, würde man nicht noch einen zumindest kurzen Blick auf die parlamentarischen Vertrauensregelungen, das „Herzstück" des parlamentarischen Regierungssystems, werfen.

Tradiertem Staatsrecht entspricht es, daß das Parlament dem Regierungschef das Vertrauen entziehen und ihn dadurch zum Rücktritt zwingen kann. Der Reichstag der Weimarer Republik hat davon weniger als man meint, nämlich nur viermal mit Erfolg Gebrauch gemacht. Bemerkenswert an diesen vier Mißtrauensvoten ist jedoch, daß sie Stimmen zum Sturz der Regierung vereinten, die sich zur Stützung einer Regierung niemals zusammengefunden hätten. Der Begriff der negativen Mehrheit ist hier entstanden.

Dies hat im Grundgesetz und den meisten Landesverfassungen zur Entwicklung des Rechtsinstituts des konstruktiven Mißtrauensvotums geführt: Das Parlament kann einen einmal gewählten Regierungschef nur dadurch stürzen, daß es, und zwar nach den meisten Verfassungen mit absoluter Mehrheit, einen Nachfolger wählt (Art. 67 GG, 54 BW, 42 Bln, 110 Bre, 35 Ha, 23 Nds, 62 NW, 30 SH). Dies verleiht jeder Regierung, auch der Minderheitsregierung, äußere Stabilität oder, wie man auch formulieren könnte, eine Art von Bestandsschutz.

Damit ist indes nichts gewonnen: Denn entscheidend für die Wirksamkeit und Fähigkeit einer Regierung zur Bewältigung der Probleme der Zeit ist nicht ihre formelle Stabilität, ihre Immunität gegenüber destruktiven Mißtrauensvoten, sondern ist ihre politische und rechtliche Handlungsfähigkeit. Ist das Parlament bereit, einer Regierung das Mißtrauen auszusprechen, ohne die Mehrheitsfähigkeit zur Wahl eines Nachfolgers zu besitzen, wird es politisch diese Regierung nicht mehr unterstützen, auch wenn sie förmlich durch den Bestandsschutz, den ihr die Verfassung verleiht, im Amt bleibt. Die Regierung verliert ihre Handlungsfähigkeit und denaturiert zu einer geschäftsführenden Übergangsregierung. Das Instrument des konstruktiven Mißtrauensvotums ist daher zur Krisenbewältigung ungeeignet. Die Väter unserer Verfassungen haben sich geirrt, als sie meinten, mit ihm eine Antwort auf die Probleme von Weimar gefunden zu haben.

V.

Ich möchte, bevor ich zum Schluß komme, das bisher gewonnene Ergebnis zusammenfassen:

Wenn die Zeichen nicht trügen, neigt sich die über dreißigjährige politische Stabilität unseres Staates ihrem Ende zu. Instabile parlamentarische Verhältnisse, nicht mehrheitsfähige Parlamente drohen in Bund und Ländern. Sie führen unausweichlich zur Bildung von Minderheitsregierungen.

Der Staat bedarf um des allgemeinen Wohls willen der Führung durch eine handlungsfähige Regierung. Da im parlamentarischen Regierungssystem die Leitung des Staates gesamthänderisch durch Parlament und Regierung erfolgt, ist eine Regierung nur handlungsfähig, wenn sie die Unterstützung der Mehrheit des Parlaments besitzt. Dies ist bei einer Minderheitsregierung per definitionem nicht oder nur begrenzt, nämlich bei weitestgehender Rücksichtnahme auf den Willen der Parlamentsmehrheit der Fall. Anders als in Weimar stellt das geltende Staatsrecht der Minderheitsregierung im Bund nur ein schwaches und eher wirkungsloses, in den Ländern überhaupt kein Instrument zum Ersatz einer verweigerten parlamentarischen Mitwirkung an den zur sachgerechten Leitung des Staates notwendigen Maßnahmen zur Verfügung. Die Minderheitsregierung ist im geltenden Staatsrecht daher nur in engen Grenzen handlungsfähig. Dies zwingt zu dem Schluß, daß weit mehr noch als in Weimar unser Staat Schaden nehmen wird, wenn er auf Dauer von Minderheitsregierungen geleitet wird. Nur ein großes und in diesem Maß kaum vorstellbares staatsmännisches Verantwortungsbewußtsein auf seiten des Parlamentes und der Regierung könnte Schaden verhindern. Das geltende Staatsrecht kann es nicht.

Daraus folgt, daß man um des Wohls unseres Staates willen die Entstehung von Minderheitsregierungen verhindern oder zumindest erschweren muß. Dabei darf und kann man nicht bei der Regierungsbildung ansetzen. Dieser Versuch ist, wie wir gesehen haben, untauglich. Man muß vielmehr rechtliche Vorkehrungen für die Bildung eines mehrheitsfähigen Parlaments treffen. Das wichtigste Mittel zur Verhinderung instabiler nicht mehrheitsfähiger parlamentarischer Verhältnisse ist das Wahlrecht.

Von welchem Einfluß das Wahlrecht auf die Mehrheitsfähigkeit des Parlaments ist, zeigt wiederum die Weimarer Republik. Sie krankte während des größten Teils ihrer kurzen Geschichte an den Folgen des in ihrer Verfassung (Art. 22) einschränkungslos vorgeschriebenen Verhältniswahlrechts. In den 13 Jahren von 1920 bis zur Machtübernahme Hitlers erlebte die Weimarer Republik acht Reichstagswahlen. Die Amtszeit aller dieser Reichstage endete vorzeitig durch Auflösung des Parlaments. In den Wahlen zwischen 1920 und 1930, der Kernzeit der Weimarer Republik erreichte immer nur eine Partei, die SPD, mehr als 20 % der Stimmen. Danach gewannen die offen zum Kampf gegen die freiheitliche demokratische Grundordnung des Weimarer Staates angetretenen extremen Flügelparteien (KPD, NSDAP) große, eine Mehrheitsbildung ausschließende Stimmenanteile.

Das warnende Beispiel der Weimarer Republik vor Augen, haben die Verfassungsgeber von Bund und Ländern ihr besonderes Augenmerk auf die Zusammensetzung des Parlaments gerichtet:

Radikalen, zum Kampf gegen die freiheitliche demokratische Grundordnung in Bund und Ländern antretenden Parteien begegnet das Grundgesetz mit dem Parteienverbot des Art. 21 GG. Sozialistische Reichspartei und KPD wurden mit seiner Hilfe durch Spruch des BVerfG von der politischen Bühne verbannt. Daß es seit 1956 – dem KPD-Verbot – nicht mehr angewendet wurde, liegt an der politischen Bedeutungslosigkeit der seither entstandenen rechts- oder linksradikalen Parteien. Die politische Reife des Wählers hat die Anwendung des Parteienverbots in den letzten Jahrzehnten entbehrlich gemacht. Minderheitsregierungen wegen mangelnder Mehrheitsfähigkeit infolge verfassungsfeindlicher Parteigruppierungen wird es daher voraussichtlich in der Bundesrepublik nicht geben. Art. 21 GG vermag dies zu verhindern, solange die politischen Organe unseres Staates den Willen besitzen, die Bundesrepublik als das zu verstehen, als das ihre Väter sie geschaffen haben: als eine wehrhafte, zum Kampf gegen Verfassungsfeinde bereite Demokratie.

Schwieriger ist es um das Wahlrecht selbst bestellt: Das Verhältniswahlrecht, das Wahlrecht der Weimarer Republik, hat den Vorzug, daß es die Sitze im Parlament in genaue Übereinstimmung mit dem bei der Wahl errungenen Stimmenanteil der Parteien bringt und daher den Wahlgrundsatz der Gleichheit in nahezu idealer Weise verwirklicht. Es begünstigt damit jedoch das Aufkommen von Splitterparteien. Dies kann, wie das BVerfG ausgeführt hat[9], dazu führen, daß die gesetzgebenden Körperschaften in eine Unzahl kleinerer Gruppen zerfallen und damit unfähig werden, eine politisch aktionsfähige Regierung zu bilden. Dieser Gefahr ist von Anbeginn der Bundesrepublik an durch die in nahezu allen Wahlgesetzen enthaltene 5 %-Klausel begegnet worden. Das BVerfG hat die darin liegende Einschränkung des Grundsatzes der Wahlgleichheit – die Stimmen haben zwar gleichen Zählwert, nicht aber gleichen Erfolgswert, da die auf die Splitterpartei entfallene Stimme einen Erfolg, einen Sitz im Parlament, nicht hervorbringt – gebilligt: Bemerkenswert ist die dafür gegebene Begründung[10]:

„Die Wahl hat ... nicht nur das Ziel, den politischen Willen des Wählers ... zur Geltung zu bringen, ... sondern sie soll ein Parlament als funktionsfähiges Staatsorgan hervorbringen. Klare und ihrer Verantwortung für das Gesamtwohl

[9] *BVerfGE* 1, 208 (241).
[10] *BVerfGE* 6, 92.

bewußte Mehrheiten im Parlament sind ... für die Bildung einer nach innen und außen aktionsfähigen Regierung und zur Bewältigung der sachlichen gesetzgeberischen Arbeit erforderlich. Es ist also ein aus der Natur des Sachbereichs „Wahl der Volksvertretung" sich ergebendes ... Kriterium, nach der größeren Eignung der Parteien für die Erfüllung der Aufgaben der Volksvertretung zu differenzieren. Mit dieser Begründung dürfen daher sog. Splitterparteien bei der Zuteilung von Sitzen in der Verhältniswahl ausgeschaltet werden, um Störungen des Verfassungslebens vorzubeugen."

In diesem Zusammenhang hat das BVerfG die 5 %-Grenze als einen „gemeindeutschen" Satz bezeichnet, der nur beim Vorliegen ganz besonders zwingender Gründe überschritten werden dürfe[11]. Die Reduzierung unserer Parlamente in den letzten Jahren auf im allgemeinen drei Parteien und ihre über Jahrzehnte ungebrochene Mehrheitsfähigkeit ist das Ergebnis dieser Rechtsprechung.

Erst die jüngste Zeit läßt die Befürchtung aufkommen, daß die 5 %-Klausel nicht mehr ausreicht, um die Mehrheitsfähigkeit der Parlamente zu gewährleisten. Im Gegenteil: Die FDP, als stabilisierender Faktor für jede der großen Parteien unentbehrlicher denn je, ist in großen Bundesländern an der 5 %-Klausel gescheitert. Sie muß auch künftig diese Hürde fürchten. Die nicht koalitionsfähigen Alternativen scheinen sie dagegen zu überspringen. Die 5 %-Klausel, einst zur Erreichung stabiler politischer Verhältnisse ersonnen, trägt damit heute zur Zerstörung dieser Stabilität bei, indem sie die vielleicht nur knapp die 5 %-Grenze verfehlende FDP aus den Parlamenten ausschließt und den diese Grenze vielleicht knapp übersteigenden Alternativen zu gesteigerter, die Mehrheitsfähigkeit gefährdender parlamentarischer Wirksamkeit verhilft. Von der 5 %-Klausel, die, ich erinnere noch einmal daran, als „gemeindeutscher Satz" (BVerfG) keine Heraufsetzung verträgt, ist Hilfe zur Stabilisierung der politischen Verhältnisse nicht mehr zu erwarten.

Ein letztes Mittel aber bleibt, das ich hier nicht propagieren, aber auch nicht verschweigen will: die Einführung des reinen Mehrheitswahlrechts. Es würde in der Bundesrepublik auf absehbare Zeit zu stabilen politischen Verhältnissen, nämlich zu einer absoluten Mehrheit jeweils einer der großen Parteien führen.

Das Grundgesetz und die meisten Landesverfassungen – ausgenommen Baden-Württemberg, Bayern, Rheinland und das Saarland – lassen, wie das BVerfG bestätigt hat, die Einführung des reinen Mehrheitswahlrechts zu, da sie nur Wahlrechtsgrundsätze aufstellen, das Wahlsystem aber der Regelung durch den Gesetzgeber überlassen. Dies, die Abkehr von der

---

[11] *BVerfGE* 1, 208 (256).

Verankerung des Verhältniswahlrechts in der Verfassung und die Freigabe des Wahlrechts zur Disposition des Gesetzgebers ist die aus meiner Sicht wichtigste und richtigste Reaktion unserer Verfassungsväter auf die Verhältnisse von Weimar. Bisher ist die Einführung des Mehrheitswahlrechts, obwohl wiederholt erwogen, letztlich wegen und an der FDP gescheitert, deren parlamentarisches Ende angesichts der Verdienste, die sich diese Partei um die Bundesrepublik erworben hat – aus ihr sind zwei Bundespräsidenten hervorgegangen und sie ist länger, als jede der großen Parteien im Bund in der Regierungsverantwortung – niemand ernstlich wollten. Sollte aber die Auswirkung der 5 %-Klausel in einem gewandelten politischen Umfeld die FDP nachhaltig von der politischen Bühne verbannen und an ihre Stelle Kräfte treten lassen, die die Stabilität des Staates bedrohen, wäre für die ihrer Verantwortung um den Staat bewußten Parteien die Zeit gekommen, die Frage nach einem Beitrag des Wahlrechts zur Erhaltung oder Wiedererlangung der parlamentarischen Stabilität zu stellen. Ob die Gesetzgeber in Bund und Ländern dann noch die Kraft haben, eine Wahlrechtsreform zu beschließen und durchzusetzen, sei fragend angemerkt. Krankheiten des Volkskörpers, so hat das BVerfG einmal formuliert[12], lassen sich nicht mit wahltechnischen Mitteln bekämpfen. Es wird daher darauf ankommen, dieses letzte Mittel nicht erst zur Unzeit, sondern beizeiten, ehe der Volkskörper ernsthaft krank geworden ist, einzusetzen, will man – damit kehre ich zum Ausgangspunkt zurück und komme zum Schluß – Minderheitsregierungen als Dauerzustand verhindern.

---

[12] *BVerfGE* 1, 208 (257).